슬픈 부지깽이

슬픔부지깽이

김병노 세 번째 시집

머리말

쓰면 쓸수록 어려운 게 시인 것 같습니다. 처음 시의 세계에 들어설 때만 해도 의욕이 넘쳤는데 시를 조금이나마 알고 나니 그럴수록 이제 시가 무섭기까지 합니다. 이 고비를 넘겨야 나는 계속해서 시를 쓰고, 시와 함께 살아갈 수 있기에 마음 다잡아 세 번째 시집에 도전하게 된 것입니다. 그리고 마침내 이루어내고야 만 것입니다.

첫 시집과 두 번째 시집은 유년 시절을 떠올리며 직접 경험해본 것과 그때 당시 느낌을 위주로 내 마음을 표현했다면 이번 세 번째 시집은 유년 시절을 떠나 현재의 나 자신의 속 마음을 표현해 보려고 노력해 보았는데 아직은 무리인 것 같지 않나 생각하고 있습니다.

그렇지만 나는 앞을 내다보며 꾸준히 노력할 것입니다. 지켜봐 주시기 바랍니다.

좋은 시, 나쁜 시라는 구분의 기준은 없다는 생각입니다. 다만 독자들의 마음에 울림을 줄 수 있는 시가 괜찮은 시로 평가받게 되리라는 생각에는 변함이 없습니다.

그리고 나만의 시 세계를 펼쳐야겠다는 마음으로 열심히 노력하여 독자 곁으로 한 걸음 한 걸음 가까이 가겠습니다.

많은 응원 부탁드립니다.
감사합니다.

2024년 9월
시인 보창 김 병 노

차 례

머리말 / 4

제1부 아침햇살 / 13

가로수 / 15
쑥 나들이 / 16
보리밭 / 17
아침햇살 / 18
커피나무 / 20
찬 바람 불 때면 / 21
무의도 / 22
산딸나무 / 23
상추 / 24
고추잠자리 / 25
귀뚜라미 / 26
까마귀 / 27
버들피리 / 28
고구마순(1) / 30

제2부 **어머니 보물**/ 33

봄 주꾸미/ 35
꽃은 때로 상처를/ 36
고샅길/ 38
어머니는 오늘도 / 39
은하수 강/ 40
집/ 42
한강/ 43
현충일/ 44
희생/ 46
가지나물/ 48
무궁화동산/ 50
성못길(1)/ 52
성못길(2)/ 53
가을비/ 54
호박/ 55
어머니 보물/ 56

제3부 여름 텃밭/ 59

명금산/ 61
미나리꽝/ 62
목백일홍/ 63
정월 보름날/ 64
보창/ 66
봄을 기다리는 나무/ 68
분주한 봄/ 69
상추/ 70
고구마/ 71
대병 막걸리/ 72
동백기름/ 72
석양/ 75
여름날/ 76
여름 텃밭/ 78
옛 추억은 기억만 존재/ 79
고구마순(2)/ 80
그리운 그곳/ 81
김제평야/ 82

제4부 풀잎 꺾어 만든 배 / 85

추석 대보름/ 87
삼일절/ 88
벽시계/ 90
설날/ 91
슬픈 부지깽이/ 92
에어컨/ 94
탐라/ 96
풀치/ 97
부채는 필요없다/ 98
바람이 전해 주네/ 100
연필/ 101
꽁초/ 102
콩비지/ 104
풀잎 꺾어 만든 배/ 106

제5부 나의 길/ 109

내 마음/ 111
나의 길/ 112
이만하면 괜찮은 삶/ 113
콩밭/ 116
기쁨은 여기에/ 117
딸에게/ 118
기억하기 싫은 아픔/ 120
물의 위대함/ 121
거울/ 122
금연/ 124
껍데기/ 126
순리대로/ 128
고집과 욕망/ 129
잡초/ 130
온통 가을/ 132
하얀 나비/ 133
담배/ 134

제6부 꽃바구니/ 137

그녀/ 139
그리운 것/ 140
그리움/ 141
꽃바구니/ 142
보리똥 열매/ 143
꽃이란/ 144
누나 엄마/ 145
용산역/ 146
마쎔/ 148
만남/ 150
바람이었으면/ 152
청천벽력/ 154
첫사랑(1)/ 156
첫사랑(2)/ 157

에필로그/ 158

제1부 **아침햇살**

가로수
쑥 나들이
보리밭
아침햇살
커피나무
찬 바람 불 때면
무의도
산딸나무
상추
고추잠자리
귀뚜라미
까마귀
버들피리
고구마순(1)

가로수

겨우내 벌거숭이로
살던 가로수

땅에서 기운이 솟아오르면
화색이 오른다

살짝 살 찢어 날씨 간 본다
너도나도 찢어 간 본다

다투어 잎이 팔랑댄다
어느새 푸른 잎으로
온몸을 감싼다

그렇게 올 한해도
제 몫을 다 한다

쑥 나들이

동네 누나들 소쿠리 들고
윗동네 쑥 캐러 간다.

아직 더 자라야 떡을
할 수 있을 텐데
핑계 대고 봄나들이 가나
늦게 한 소쿠리씩 이고 온다

미나리 쑥부쟁이 쑥…
섞여 있다

쑥은 남겨두고
나물은 데쳐 봄을 먹었다
올 삼월에 고향을 다녀왔다

봄은 옛 그대로인데
그 누나들 어느 하늘 아래
건강하게 잘들 살고 있소

보리밭

아주 진한 청 페인트
칠해 놓은 듯
제주 가파도의 보리밭

육십 년 대에는
보리밭에 들어가면
밭 주인은 아주 싫어했다

가파도 보리밭은
나이 많은 나로서는
이해하기 어려웠다

사람들 발길에
반질반질 길이 나 있다

그런데 다시
멀쩡한 보리를 훼손하기에
눈살이 찌푸려진다

아침햇살

영양실조에 얼굴은 푸석푸석
버짐이 생기고 엄마에게 따뜻한
물 한 바가지 대야에 받아 들고

홑바지에 차가운 바람
움츠리며 고양이
세수하고 후다닥
방 문고리 잡으니 쩍
달라붙고 아차 하며
내일은 잡지 말아야지
속으로 되뇌인다

시래깃국에 밥 말아 먹고
형편 어려운 아이 하나둘 모여
앞집 헛간 담벼락에 해를
바라보며 추위를 견디다

점심을 고대하며
집으로 향한다

지워지지 않는 기억

커피나무

작년 식목일
마을 뒷동산에 묘목을 심었다

끝나고 삽과 괭이를 반납하는데
수고했다고 커피나무
두 그루씩 주었다

좋아하는 마쎔과 같이
정성 들여 심었다

얼마 후 꽃이 피었다
그렇게 잊고 있었는데

베란다에서 겨울을 이기지 못하고
한그루만 겨우 살았다

사람의 정성이
얼마나 중요한지
새삼 느끼는 교훈이었다

찬 바람 불 때면

여름도 이제 막바지
엊그제 말복에 처서

폭염도 계절 앞에서는
버티는 게 한계가 있나 보다

아침에 살갗에 와 닿는 바람이
왠지 정겹고 기분이 좋다

이제 가을이
저만치 오고 있다
수고한 분들에게
풍성한 보상이 주어져야겠다

무의도

인천 무의도
하나개해수욕장 둘레길
푸른 바다 기암절벽
어깨동무하며 걷는 길

하늘은 맑고 푸르며
잔잔한 바다는
햇빛에 반짝인다

밀물에 모여 반상회 하는
갈매기 끼룩끼룩
뭘 말할까

하늘은 맑고 푸르다
반짝이는 윤슬에
눈이 시리다

산딸나무

주님의 전설이 깃든
십자가 닮은 산딸나무 꽃받침

멀리 떨어져 바라보면
수백 마리 하얀 나비
수 놓은 듯

견고와 희생
꽃말 가진 산딸나무
주님의 희생에 대한
하얀 나비의 축원이 아닐까

상추

아버지의 땀과
어머니의 보살핌

햇빛 한 움큼
달님 별님 반짝 정기 받고
새벽이슬에 목 축이고

매일 껍질 벗겨 내는 아픔
견디며 가족 먹여 살렸더니

이제
앙상한 몸뚱이 남았는데
날 먹겠데요
대처서 나물해 드신다네요
그게 궁채나물이래요

왜 뿌리는 안 드세요?
아니 왜 자손 씨앗 챙겨 줬잖아

고추잠자리

들녘을 바라보니 엊그제 같은데
어린 모가 벌써 자라 누렇게 익어
추수를 앞두고 있다

고추잠자리 한 마리
벼 이삭에서 밤을 지새웠나
이슬에 젖어 움직이지 못하고 있다

아침 해가 떠오른다
눈이 부시다

잡고 싶지만
아직은 잡초에도
이슬이 듬뿍 바지가 젖을까
망설이는데
그 사이 햇빛이
고추잠자리 날개를 말리며 날아가네

아쉬워하며 발길 돌린다

귀뚜라미

귀뚜라미 소리 들린다
가을이 가까이 왔네

봄부터 가을까지
농촌은 새벽부터
해님도 지쳐 서산에 숨을 때
일을 마치고
긴 그림자 앞세우고 집으로 향한다

이제
머지않아 수확을 앞두고
매년 행사처럼 되풀이되는
태풍이 얌전히 지나가시길
간절히 바라본다.

까마귀

들녘은 가을 추수가 끝나고
내년 풍년을 기약하듯
하얀 눈으로
온 들녘을 뒤덮어 눈이 부시다

해마다 되풀이되는
까마귀의 끝이 보이지 않는 행렬

기후 변화 때문일까
언제부터인가
까마귀는 오지 않았다

지금은 어디에서
까마귀만의 축제를 즐기는지
보고픈 마음 간절하다

버들피리

오늘 하루도 농부들은
석양을 뒤로하고
긴 그림자 앞세우며 집으로 향한다

봄 농사철
황소에 매단 쟁기는
논바닥을 갈아엎어
둑새풀과 자운영꽃은 땅속에 묻힌다

미꾸리는 누런 배 드러내놓고
세상 구경하는 날이고
선잠 깬 개구리
아직은 철 이르다며
흙 속으로 비집고 들어간다

도랑물 넘실대며 흐르고
물오른 버드나무
푸른 손 내밀 때
가지 꺾어 피리 만들어
삐~삐이 삐이~삐 불며
혼자 신이 났었다

지금은 누가 있어
김제평야 들녘에서
버들피리 불러줄까

고구마순(1)

지금은 대접받지 못하지만
60~70년대에는 이거라도 있기에
반찬을 대신했다

엊그제 성뭇길에 동생 집에 들러
아무도 손대지 않은 고구마순을
욕심껏 뜯어왔다
마누라 역시 부피에 놀란다

둘이 네 시간 이상 껍질을 벗기고 나니
어깨 포함 팔다리가 아프다

당시 하우스가 없던 시절
콩밭에 심어 논 열무가 떨어지면
이제 김치 할 거라곤
고구마순 김치뿐이었다

어머니 장에서 돌아오시면
고구마순 대충 던지면서
하시는 말씀
빨리 껍질 벗기라며 재촉하셨다

싫다 싫어
하지만 어쩌냐?
이거라도 부지런히 껍질 벗겨야
반찬으로 먹어야 하는걸

아이들 손은 느리지만
어머니는 애가 타고
대충 씻어 버무리고
나머지는 된장 넣고
자작자작 찌개로 둔갑했다

식구가 많던 시절
한 끼 먹으면 끝이다

제2부 어머니 보물

봄 주꾸미
꽃은 때로 상처를
고샅길
어머니는 오늘도
은하수 강
집
한강
현충일
희생
가지나물
무궁화동산
성못길(1)
성못길(2)
가을비
호박
어머니 보물

봄 주꾸미

매년 새로운 봄
새싹이 돋아나고
논갈이 밭갈이 시작되고
수로에는 힘차게 물이 흐른다

어머니의 봄은
주꾸미 데친 회무침을
내 입 안에 넣어 주면서
봄도 함께 넣어 주신다

지금은 가고 안 계신
어머니의 봄
그립고 그립다

꽃은 때로 상처를

봄이다

늦은 봄 일찍 시작한
모내기는 황량한 들녘에
양식을 저장하고

어린 남매는 부모가 그리워
들녘으로 향한다

부모님이 집에 오시려면
아직도 멀었다

놀아주는 이 없으니
남매는 냇가에서 발길을 멈추며
넘실대는 물에
이름 모를 꽃 물결 따라
숨바꼭질하는 모습에 홀린 듯
잡힐 듯 잡힐 듯
꽃을 향해 손을 내민다

사내아이는
용기 내어 움켜쥐었다

그렇게 한 손에 꽃을 쥐고
꽃과 함께 누나만 남겨 놓고 갔다

고샅길

대문을 지탱하는 나무가 썩어
겨우 명맥을 유지하느라
안간힘으로 버텨 보고 있다

마당은 잡초로 뒤덮여 있고
부엌에서는 밥상 차림이 한창
안방에서는 밥상 들어오기 기두린다

환청이 들린다
그릇에 수저 달그락 소리
멍하니 부엌과 방을
번갈아 바라본다

발길은 고샅길로 향한다
살아있는 것은 잡초 외에
아무것도 없다

우리네 고샅길은 이제
죽고 없다

어머니는 오늘도

짜증 나는 여름
어머니는 묵묵히
장사하러 장에 가십니다
밥을 구하기 위해

누굴 위해
자식을 위해
훗날에 알았습니다

당신은 그렇게
희생하며 사시다 가셨습니다

훗날 알았습니다
어머니 뼛골 빨며 살아온 것을

이제 어찌하리오
누구
나 좀 도와주세요

은하수 강

모든 게 풍족하다

들에도 산에도
온통 푸르름

햇빛 좋아 자라는 곡식은 무럭무럭
열매는 하루가 다르게 알알이 익어가고

추석이 가까이 올수록
은하수 물결 속에 박혀있는
보석처럼 빛 나는 별

나는 벌써부터 꿈꾼다
추석빔에 검정 운동화
그리고 빨간 모자

그날은 종일 아버지 따라
성못길 나선다

아버지는 중간에 친척 집에 들러
허기진 배를 채워준다

그리고
석양이 시간을 재촉하듯
집으로 발걸음을 재촉한다

집

집에 가면
어머니
계실까

누가
날
반길까

안 계시면
어쩌나
걱정이 앞선다

계시면 전깃불
안 계시면 초롱불

밥 안 먹어도
배부르다

한강

한 많은 대한민국
한강은 말없이
국민과 함께 울었다

눈물이 한강을 따라
오대양 육대주를 적시고
민족의 얼과 한을 문화로 승화시켜
전 세계인을 감동케 하였노라

강산이 변해도
한민족은 전 세계 어느 곳에 살아도
우리나라 강산을 잊지 않고
당당히 옛 고토를 찾아

세계만방에 태극기 휘날리는
정 많고 자유민주주의를 사랑하는 민족이 되어
온갖 시련과 고난의 세월에도
기적에 가까운 선조들의 얼 이어 가고 있다

현충일

오뉴월에 짙게 우거진 숲
머지않아 칠 년여의 땅속 생활을 마감하고

여름의 백미 매미 울어댈 테고
하지만 그해 꿈은 무너졌다

아, 어찌 잊으랴
6·25
우리는 기억한다
그날의 악몽을

어느 골짜기에서
능선에서
무서움과 그리움 가슴에 안고
산화한 영령들의 절규에 답해야 한다

그분들의 희생이 없었다면
지금의 대한민국 우리는 없었을 것이다

우리는 다시 일어나 답해야 한다
그게 바로 그들을 위한 길이니까

희생

계절 따라 바뀌는 직업
오직 쉬는 날은 비가 오는 날
길어지면 수심 가득

사계절 항상 바쁘신 어머니
십 대 중반이었지만
도와 줄 수 없어
안타까운 마음뿐

그렇게 평생을
가족을 위하여
희생하신 분

말도 안 되는 생각이지만
지금까지 살아 계신다면
뭘 해 드릴 수 있을까

혜성같이 나타나
한 집안의 기둥 되시고
별똥별처럼 홀연히 사라진
어머니 사랑합니다

가지나물

정말 오랜만에 가지를 접했다
땅을 향해 박치기라도 할 듯
쭉쭉 뻗은 가지가 실하다

임실 누이 텃밭에서
가지를 보았다

나는 가위를 들고
꼭지 부문을 잘랐다
한참을 마구 자르니
바구니에 한가득

간식이 귀할 때 꺾어 먹었던 가지
씁쓸한 맛 가지는
찬바람 나야 단맛으로 바뀐다

오늘 저녁
마쌤은 가지나물을
한 접시 밥상에 올렸다
정말 오랜만에 접하는 가지무침
단맛이 강하며 맛있게 먹었다

무궁화동산

서촌길 역사 문화 탐방길
역사의 현장 고 박 전 대통령
시해 현장을 보며
과연 부귀영화란 무엇인가
반문해 본다

업적은 감추어
보이지 않고
허물만 부각시킨다

국민을 이간질시키기도
화합하는 것 또한
정치인의 몫이다

무궁화동산이란 미명 하에
그때의 현장은 철저하게 묻어버렸다

그분의 시해 장소는
너무나 소박하게
꾸며져 있다

그 흔한 표지석 하나
세우지 못한 이유가
혹 억압받은 대가를 되갚아 줬을까

굿은 비가 내린다
어디 가서 막걸리라도
한잔하면서
마음으로 위로해 드려야겠다.

성묫길(1)

당신들께서 원하신 곳에
안장을 해드렸지만
모처럼 만에 찾아간 산소

자식도 매년 찾아뵙지 못하는데
이다음 자식 대신 누가 찾으리오
뵙고 오는 길 마음은 편치 않다

어찌 할꼬
어찌해야 할꼬

당신이 집에서 돌보던 감나무
옮겨 심어 드렸지만
대변이라도 하듯
아파서 몸살하고 있으니
이 또한
마음이 편치 않네요.

성묫길(2)

초등 시절 추석 차례를 지내고
아버지 따라 종일 성묘하러
다니던 게 엊그제 같은데

그래도 그때 나에게는
달콤한 미끼인
여러 가지 맛있는 음식이
친척 집에서 반기고 있었다

땔감도 귀하던 시절
잡풀이 자라면 먼저
낫으로 베어 가는 사람이 주인인데

이제 세상이 바뀌어
들에도 산에도 온갖 풀로 뒤덮여
보행길을 더디게 하니

소먹이 땔감 퇴비로 쓰였던 풀은
천덕꾸러기로 전락하고 말았으니…

가을비

황금 들녘이다
수고한
농부의 수확물이 그득하다

필요치 않은 비가 내린다
들녘을 바라보는 어머니
수심이 가득하다

유년 시절 어머니의 지혜
나중에야 알았다

흉년에 대한 대비책
흉년의 절약
생활용품이 다르다는 걸

지혜로우신 어머니
고개가 절로 숙여집니다

호박

날씨는
하루가 다르게
추워지는데
주먹만 한 호박 하나

나무 위에 애처롭게
대롱대롱 매달려 있다

누렇게 변해가는 호박잎
엄마 뿌리는 얼마나
애가 탈까

바라보는 나도 같이
측은함을 함께한다.

어머니 보물

나는 보았네
어머니의 허탈한 표정을

당신이 제일 아끼던
옥으로 만든 쌍가락지

해가 바뀌면 찾아오는
아주머니가 싫었다

몇 년을 버티던 어머니
결국 옥 가락지
내어주고 말았네

너무 어려 지켜주지 못한
어머니 옥가락지
지금은 어머님이 안 계시니
마음으로 전할 수밖에
어머니 죄송합니다

제3부 여름 텃밭

명금산
미나리꽝
목백일홍
정월 보름날
보창
봄을 기다리는 나무
분주한 봄
상추
고구마
대병 막걸리
동백기름
석양
여름날
여름 텃밭
옛 추억은 기억만 존재
고구마순(2)
그리운 그곳
김제평야

명금산

*명금산 고향에 있는
정상 54미터 유일한 산

초등학교 6년 동안
소풍 가던 산

졸업 후 친구들과
명금산자락을 내려오는데
송홧가루 바람에 한 무리 지어 흩뿌려져
물 위에 살포시 내려앉아
금가루와 진배없으니…

인간의 마음은
언제나
욕심을 버릴 수 있을까

*명금산/ 전라북도 김제시 부량면 신두리에 있는 산으로 '가야금이 울었다'는 의미로 '명금'이라는 지명을 얻게 되었다고 전해 오고 있음.

미나리꽝

고샅길 담장 사이로 좁은 고랑
하수 시절이 전무했던 시골 마을

고랑 타고 흘러
미나리꽝에 모인 물로
미나리는 그곳에서
무럭무럭 파란 순이 자란다

어떻게 알았을까
미라리가 더러운 물을
정화 시키는 줄

선조 님 지혜에 박수를 보낸다

목백일홍

너울너울 춤추는
파도에 얼싸안고
붉은 깃발 뱃머리 휘장한 채
가슴에 안기는 님의 그림자

백일밖에 살지 못한다는
꽃이 된 슬픈 여인의
안타까운 사연

태안 석산면 가로수
세월은 흐르고 흘러
오가는 인파 속
가로수 된 그대 모습
내 마음 그대에게 달려가
영원히 사랑하리라

정월 보름날

정월 보름이 가까이 올수록
하루가 다르게 봄기운이 느껴진다

앞집에서는 올해도
설날에 먹고 남은 인절미를
기름에 전 부치듯 굽고
냄새가 골목을 지나
우리 집 마당까지 침범한다

우리 집 인절미 언제 누가
다 먹어 치웠는지…
아버지는
'사람 목구멍이 제일 무섭다' 하셨다

그 말을 이해하는데
오랜 시간이 지나서야 알았다

60년대 배 꺼진다고
뛰놀지도 못하게 했다

그렇게 봄의 동반자
무서운 보릿고개가
입을 '쩍' 벌리고 생과 사를 갈랐다

보창*

내 마음속 호수는 보창이다
무엇이든 품에 안아주었다

낮에는 태양을 안아
열을 식혀주고
밤에는 달과 별님을 보듬어
벌레들의 길 안내를…

모내기 때는 보창에도
마름 줄기가 올라와 벼와 같이 꽃이 피고
열매가 열리며 벼와 같이 익어갔다

마름도 단단한 열매가 되어
그 시절 간식으로 충분한 먹거리 되었다

가을 추수가 끝나면
보창도 바닥이 보이고
밤에는 청둥오리가 배 채우며
낮에는 사람들이 물고기 잡아
시래기 무 듬뿍 넣고 끓여
따뜻한 방에서 일 년의 수고를 즐긴다

내 마음속 보창
세상천지 어느 곳보다 넓다.

*보창: 전라북도 김제평야에 있는 제법 큰 물웅덩이 중의 하나임.

봄을 기다리는 나무

거실에서 창을 통해 바라본 밖
지난해 가을 모두 털어버린
앙상한 모습으로 서 있다

들려오는 소문에
남쪽에서는
벌써 만개한 꽃도 있다던데
우리한테는 언제
봄바람이 불어오려나

기다리자
긴긴 겨울 삭풍도
이겨내며 왔는데…

싹을 키워
나를 활짝 꽃 피울 테다.

분주한 봄

봄이 부른다
땅이 들썩인다

겨우내 얼어 있던 수로
넘실대며 흐른다

생명이 꿈틀대며 움직인다
농부도 박자 맞춰 준다

이제 가을 수확을 위해
하나 되어 움직인다

상추

보릿고개 시절
보리밥 한 덩이
상추 한 바가지

입 안에서도
따로따로

그래도 맛있게
먹고 열심히
살았다

고구마

지금은 사계절 먹을 수 있다
밭에 심을 때는 드러눕게 심고

줄기가 자라면 전라 지방에서는
여름에 열무 대신 김치를 담갔다

뿌리 열매는 밥 대신
구황 작물로
허기진 배를 채워줬다

지금의 고구마는 다이어트 식품으로
또한 어디에 넣어 먹으면
더 맛있는 요리가 될까
요리사들은 고민한다

어릴 적에는
고구마도 구하기 힘들어
배고픔을 참아야 했다

대병 막걸리

농촌의 일상은
새벽 일찍부터 시작된다

일 년 계약하고 일하는 일꾼은
주인보다 더 부지런해야 한다

옆집 아주머니께서
나를 부른다

일꾼에게 오전 새참을
심부름시킨다.

아저씨는 막걸릿병을
입에다 대고 입도 떼지 않고
숨을 참아가며 단숨에 다 마신다

안주는 담배로 대신한다
무슨 생각 하시는지
먼 곳을 응시하며
담배 연기 뿜는다

고향에 두고 온
처자식 생각할까

그렇게 아저씨는
몇 년을 더 일꾼으로 계시다가
고향의 가족 품으로 가셨다

동백기름

어머니가 참빗으로 곱게
머리단장 하신다

검은 머리에 동백기름
손바닥에 곱게 펴
머리에 쓰담쓰담
발라준다

어머니 머리카락
윤기가 흐른 다

마루 귀퉁이 깨끗하게
닦아 엎어 놓으신 하얀 고무신
신으시고 오일장 가신다

석양

가을걷이가 끝난
넓은 들녘은
나에게는 보물 창고다

논두렁에 고무신 벗어놓고
추석빔도 줍고
우렁이 된장국도 캐고

그렇게 해가 뉘엿뉘엿
제집을 찾아갈 때
오늘은 유난히 붉다
힘들었나 보다

나도 긴 그림자 앞세우고
신이 나서 집으로 향한다

여름날

들녘을 가로질러 흐르는 수로에는
물이 넘실거리고
한낮의 더위를 피해
오정에서는 잠시 농부들이
오수를 즐기고 있다

들녘의 어린 모들은
며칠 사이에 훌쩍 자라
벼의 모습으로 자리 잡았다

멀리서 뜸부기 부부가
농부 몰래 집 짓느라
바삐 움직이고

수로의 둑에는
아이들이 발가벗고
수문 위에서 수로로 줄지어
뛰어내리기를 반복한다

농부들은
짧은 오수를 뒤로한 채
들녘으로 향한다.

여름 텃밭

고향 들녘 모내기가 얼마 전 끝나고
지금은 물 위에 뜬 모를 찾아 심는다

텃밭에 상추도 훌쩍 커버려
반찬도 보릿고개다

흙담 모서리에 거미가
튼실한 줄을 쳐놓고 오수를 즐긴다

점심은 장독대 옆에 심어놓은
부추를 잘라서 고추장으로
쓱싹 비벼 먹어야겠다

옛 추억은 기억만 존재

눈으로 직접 보고 왔으니
부정할 수 없고

유년 시절을 잊을 수 없어
찾은 고향 상상만 존재했다

들녘에도 고샅길에도
콘크리트와 아스팔트로
뒤덮여 있다

흙담 밑에 봄이면 예쁜 새싹이
움트고 꽃이 피던 그곳

나팔꽃에 정신 팔려 어머니
심부름 잊고 서있던 그곳은
흔적조차 사라지고 없다

모든 식물 곤충의 서식지는 파괴되고
어린이의 동심을 키운 그곳
어린이도 없다

고구마순(2)

이제 먹고살 만하니
시장에서 고구마순 사 가시는 분은
드문드문 나이 드신 어르신뿐

지금의 그분들이 가시면
고구마순 김치와 찌개는
먹거리에서 사라질 수도 있지 않을까

사람마다 다르겠지만
배추김치 담그듯
고구마순 김치를 담그면
익어도 아삭하는 식감이
살아있고 맛있다

사람은
때론 추억을 먹고
살아간다고 하지요
나 역시 고희를 넘기고 있지만
좋은 추억은 나의 마음을
살찌우게 하네요

그리운 그곳

사계절 잊을 수 없는 곳
푸른 새싹 누렇게
익어가는 곡식

나에게는 세상 모든
사람을 품어줄 수 있다고
생각되던 그곳

변함없을 줄 알았던 그곳
사람 없는 황량한 모습

언제 다시 사계절
북적이는 고향이 될는지
아스라이 그립구나

김제평야

수많은 사연 안고 살아가는
자기 땅이 없는 농부

새벽에 일 나가
지평선에 해가 지면
돌아오는 고단한 삶

삶이 얼마나 무서우면
아이에게 아이를 맡기고 살았을까

오직 사람들 인력으로 하던 농사일
지금은 기계를 이용
모든 걸 해결 한다

봄 모내기 가을 추수철
들녘에는 잔칫집처럼
사람들이 북적북적

들녘은 그대로인데
인적은 보이지 않으니
쓸쓸함만 더 하는구나.

제4부 풀잎 꺾어 만든 배

추석 대보름
삼일절
벽시계
설날
슬픈 부지깽이
에어컨
탐라
풀치
부채는 필요없다
바람이 전해 주네
연필
꽁초
콩비지
풀잎 꺾어 만든 배

추석 대보름

추석이 내일모레
밤잠을 설치던 기억

추석이 가까워질수록
쏟아질 것 같았던 은하수

친구와 멍석에 누워
별을 헤아리던 추억

이제 고희의 나이에
한번 되짚어 본다

모든 게 귀하던 시절
그때의 추석을 오랫동안
간직하고 싶은 이유는
무엇 때문일까

삼일절

어찌 그날을 내 서 푼짜리
글로 표현하리오

나는 아무 뜻도 모르고
어린 시절 어른들을 따라
동생이 울면 순사가 온다
말해주면 신기하게 울음을 그쳤다

나중에 안 사실이지만
순사는 지금의 경찰이고
얼마나 악질이었으면
지금까지 알고 있겠는가

순사는 일본인 밑에 있는 한국인
자기의 실적을 올리기 위해
무자비하게 대했던 한국인 순사

나는 순사를 탓하기보다
그냥 대신 순국선열에게
고개 숙여 용서를 빌고 싶다

벽시계

이른 아침 따뜻한 커피 한잔
교실에 홀로 앉아 있네

문득 시계 종소리
천둥 소리 마냥 들린다

어린 시절 누이동생
배고파 우는 소리 겹치고

피식 웃으며
미소 짓는다

재깍재깍 초침 소리는
교실을 채우는 학우들
소리에 묻히고

나 또한 옛 생각에서
멀어져 간다

설날

절구통에 찐쌀을 넣고
아버지 절구질 하신다

우리 형제들은 입맛
다시며 구경하고

어머니 손에 물 묻혀
절구질 찰나에 피하며
떡쌀 여미고
인절미 콩가루 묻혀
자식들 입에 한 움큼씩 물린다

저 벽 너머 아련한 추억
속으로 잠시 시간 여행하며
나도 모르게 아름다운 미소가
번
진
다

슬픈 부지깽이

어머니,
선생님이 육성회비
가져오라며 돌려보냈어요
"돈 먹고 죽으려도 없다."

그럼 어떻게 해요
"다음에 낸다고 해!"
맨날 다음다음

어머니와 거리 두고 *실갱이
어머니께서 화가 나셨는지

부엌에 있는 부지깽이를
들고 나를 쫓는다
나는 밖으로 나가지 않고
뒤뜰로 도망치고 그렇게 앞뒤로
몇 바퀴 돌았다

어머니께서 지쳐 땅바닥에
주저앉아 울고 계신다

몸빼 주머니에서 이백 원을
손바닥에 올려놓으시며
이게 전부다
주머니까지 보여주신다

기쁨인지 슬픔인지
나도 울었다

*실갱이: '실랑이'의 중부지방 비표준어임.

에어컨

2024년 8월 초순
오늘도 더위가 심하다

밖에서 일하시는 분
얼마나 더우실까

선풍기도 갖추지 못한 시절
어떻게 견디었을까

나는 참는다
아무 일도 안 하는데
에어컨 켜기가 미안해서

오후 3시 40분 마쌤 위해
에어컨 켜놓고 마중 나간다

일한 자에게 보너스는
필수이다

탐라

탐라는 사월의 봄에 비틀
야생화 비자나무 청보리
봄 내음 물씬 풍기네

하물며 해녀님들까지도
해님의 빛을 받아
반짝이는 윤슬 속에서
봄을 캐며 자맥질이 한창이다

그렇게 올봄도
여름이란 세월에
밀려나는구나

풀치

고향의 맛 *풀치가 그리워
유튜브 통해 주문했다

청양고추 썰어 풀치 넣고
조리면 매콤하니 참 맛있다

반 건조한 풀치
가시만 조심하면 쫄 깃 한 맛

어렵던 시절 큰 갈치 비싸
짚으로 엮어 팔던 풀치

전북지방에서는 지금도 많이
먹고 있으며 인기가 있다

*풀치: 갈치의 작은 것을 말함.

부채는 필요없다

누렇게 익은 보리
긴 수염 하늘거리며
흐느적흐느적 춤을 추네

올 마지막 춤이다
벼에게 자리를
내주어야 한다

농약 광고가 실린 부채가
나오기 전까지
더위는 시원한 두레박에
퍼 올린 우물물이면
가슴이 아리도록
시원했으며

집 모퉁이에
가마니 깔고 앉아있으면
낮잠이 스르륵 올 정도의
시원한 바람 생각
지금은 아련한 꿈결 같다

바람이 전해 주네

어젯밤 천둥 번개 바람까지
세상 종말이 온 듯
가로수 형제들은 마음 졸였네

언제 그랬느냐는 듯
아침 햇살 쨍하다

살랑 바람이
귓가를 스친다

밤새, 놀라서 잠을 설쳤지만
몇 개 남은 이파리 나부끼며
잘 있다고 형제에게
전해 달라네

연필

나의 마음
제일 잘 알아주는 너

속마음 후련하게
말할 수 있게 해주는 너

항상 손만 뻗으면
잡을 수 있는 너

오래도록 친구 하며 가세
지금은 뚜벅뚜벅 걷지만
너와 나 마음이 하나일 때
빛이 날 거야

꽁초

네가 없으면 불안하고
정신 또한 혼미해진다

항상 품속에
고이 간직하고
어디 꺾일까
물에 젖을까 애지중지
하루에도 수십 번 깊게 빨아
키스까지 해주면서

키스가 끝이 나면
헌신짝 버리듯 매너가 없다
친구는 버려져도
고급진 크리스탈 용기에 모셔지는데

주인에게 이 한 몸 불태워
만족을 드렸지만
이용만 당하고 버려진 느낌

인간아
나도 대접해줘
잘 부탁한다

콩비지

60~70년대
형편이 어려운 농촌의 가정은
두부 만들고 나온 부산물
콩비지를 이용해 허기를 달랬다.

훗날 알게 되었지만
도시의 빈민촌은
미군 부대에서 나오는 잔밥을 이용
일명 꿀꿀이죽을 만들어
허기를 달랬다는 얘기를 들었다

어떤 이는 지금의 음식이 너무 기름져
담백한 옛날 음식을 찾고
젊은 층은 외국 음식 좋아하고
그야말로 음식의 혼돈 시대
뒤죽박죽이다

머지않아
성인병이 지금보다는
많아질 거라는
우려가 내 마음을 누른다

5000년 유구한 한국의 역사
잦은 외세 침략으로
음식 문화가 제대로
전해 내려오지 못한 게
한스러울 따름이다

풀잎 꺾어 만든 배

풀잎 꺾어 만든 배가
줄줄이 물 위에 떠내려온다.

어디서
시작해 왔을까?
수로에서 위험한 난코스 앞까지

이 수로에서
제일 물살이 쎈
네모 난 곳이 있다

이곳에서 흐르는 물이
잠시 숨을 고르는 곳이기도 하다

아이들은 과연
풀잎 배가 몇 개나 온전하게
살아서 서해까지 갈 수 있을까

우리는 호기심에 지켜 본다
드디어 들어갔다 소용돌이
물보라에 풀잎 배가 안 보인다

한참 후
저만치 아래에 3개의 풀잎 배가
유유히 떠내려간다.

우리에게 응원해줘 고맙다는 듯
바람의 도움으로
앞서거니 뒤서거니 잘도 간다

그래
서해까지 무사히 닿아
여기까지 온 무용담에
우리 이야기도 넣어 주렴

제5부 **나의 길**

내 마음
나의 길
이만하면 괜찮은 삶
콩밭
기쁨은 여기에
딸에게
기억하기 싫은 아픔
물의 위대함
거울
금연
껍데기
순리대로
고집과 욕망
잡초
온통 가을
하얀 나비
담배

내 마음

내 마음
가지고 떠난 지
십수 년

지금은
어느 하늘 아래 계시는지
소식 좀 전해주오

저 달님 별님은 아시려나
혹여 보고 싶으면
바람결에 소식 실어 전해주오

나의 길

나는
나만의 길을 가겠다

오래전 가고 싶었지만
용기 없어 못 간 길
이번엔 가보고 싶다

좋아한다
못한 말
좋아한다고 하고 싶다

너 보고 싶었다고
못한 말 하고 싶다

늦은 밤 신작로 길 걸으며
너는 나에게 오빠 그때
오빠의 마음을 몰라준 게
후회돼 했을 때

내 마음은
마른 눈물을 흘렸단다

나는
또 다른 누구의
눈물을 보면 안 되니까

이만하면 괜찮은 삶

내가 태어나 어떻게 살아왔을까?
내가 태어나 무엇을 해야 하는가?

나이 칠십에 무엇을 이루었을까?
무엇을 이루고 싶어 했을까?

굴곡진 인생이
무엇을 굴곡진 인생이라 하는가?

내 인생에서
제일 기억에 남고 기억에서
지우고 싶지 않은 인생의 시간은
십 대 시절이었다

제일 힘들고 배고픈 시절이었다
하지만, 가장 즐거웠다
그 시절로 돌아가라 해도 돌아가고 싶다

다행히
우리가 살아가는
사회생활에서
크게 벗어나지 않고 살아왔다는 게
참 다행이다

부자도 아니고
밥을 굶는 처지도 아니고
이만하면 괜찮은 삶
아닌가!

콩밭

잡풀은 내 마음도 모르고
제멋대로 자라 밉기만 하다

늙은 어머니 줄줄 흐르는
땀방울 외면 못 해

밭에 따라왔지만
도시로 떠난 친구 생각

"애야 뭐하니?"
저만치
앞서가는 어머니

호미 소리 멀어지니
허공에 대고 날 부르는데

추석에 친구 따라
도시로 가는 꿈 꾸며
생각에 잠긴다

기쁨은 여기에

누구나 기쁨은 항상 가지고 있다
어느 날 갑자기 찾아오는 것도 아니고
반대로 멀리 있는 것도 아니다

다만 작은 것에 기쁨을
큰 것에도 기쁨을 차이를
못 느낄 뿐

기쁨 한 단어만 놓고 말한다면
매일 기쁨 속에 살고 있는데
본인만이 알지 못할 뿐이다

이것이
사람의 우매함이다

딸에게

엄마
먹을 거 사 달라 안 할게

엄마
일 나가지 않으면 안 될까

이 말을 들을 때면
입 다문 나
마음은 그 아이가 안쓰러웠다

그 아이가 장성해서 유학도 가고
그곳에서 만난 짝과 결혼하고
남매를 두었다

친정에서
두 아이 낳아 키우고 분가했다

그렇게 주말 부부생활
큰애가 5학년 2학기 드디어
사위 직장 있는 곳으로 이사했다

어쩌면 어릴 적 생활고 때문에
그 아이 떨구고 일 다니던 엄마도
딸도 제일 가깝게 지낸 시간이 아니었을까

이사 간 딸을 생각하며 깊은 밤
이 글을 쓰고 있는 나
눈물이 주르룩 흐른다

새로운 곳에 잘 적응하고
가족이 행복하게 잘 살아가길
아버지가 전한다

기억하기 싫은 아픔

너무 많다, 많이 있다
아직도 생각하면 부끄럽고
창피한 그 시절

책보 들고 옥수숫가루
받으러 간 나

여자 동창 집에 품팔이가신
아버지 따라 밥 먹으러 간 나

어른들은 나의 동심을 알까
잊고 싶지만 잊혀 지지 않은 기억
시절 탓으로 돌리며
벗어나고 싶다

물의 위대함

흐르는 물을 보고 있노라면
보물이며 기쁨이고

아이들 성장의 자양분이며
가족에게 사랑을 듬뿍
주는 마쌤에게도 환한 웃음을 선사한다

흐르는 물을 보고 있노라면
마음이 편안하고 배가 부르고
어깨춤을 추고싶다

늘 가까이 평안하게 배풀지만
당연한 거처럼 여기는 내가 부끄럽다

주변에 물처럼 베푸는데
혹 내가 잊은 적은 없는지
생각해 봐야겠다

거울

얼굴 화장하는데
필수품이었던 거울
지금은 일상생활에서
없어서는 안 되는 거울

나는 가끔 거울 속 나 자신을 응시한다
한참을 들여다보면서
나는 누구인가
되묻고 있는 모습을 본다

마음이
정화되는 느낌이
들 때도 있다

때론
외계에서 왔을까
무서운 생각이 들 때도 있다

인간은 생을 다하면 어디로 가며
정말 다른 세계가 존재할까
있다면
인간 세계가 바른 사회가 되는데
많은 도움이 될 터인데

나만의 헛된 생각일까?

금연

밖에만 나갔다 오면
동료 직원은 사무실 창문을
추우나 더우나 열어둔다

처음은 전혀 신경 쓰지 않다가
우연히 왜 창문을 열어 두냐고 물으니
담배 냄새가 나서 그렇단다
그렇다면 말로 하지

그럼
나 때문에 그렇게 그날부터
나는 금연에 들어갔다

금연하고 나니
담배 피우는 사람은
냄새가 몸에 배어
비흡연자 입장에게는
냄새가 난다는 걸 알았다

지금은 정년퇴직했지만
동료 직원 때문에
금연 성공
"감사합니다."

껍데기

하얀 나비 모태는 무와 배추이다
나비는 친근한 이웃처럼 정답다

배추벌레와 사람 간의 신경전
위장술이 뛰어난 배추벌레

잡아내고 또 잡아내고
숨고 또 숨고 숨바꼭질

공자리 올라와 꽃 맺을 때쯤
배추벌레 통통 살이 올라
안전한 곳 높이 올라

산고의 아픔을 견디며
날개를 펴기 위해
온 힘을 쏟는다

햇빛의 도움 받아
소원이던 날개 펄럭이며
훨훨 날아가네

바람의 도움으로
재주까지 부리며…
남은 건
배추벌레 흔적뿐인 껍데기

나는 무슨 흔적의 껍데기
남기고 갈까

순리대로

늘 그곳에 계실 줄
알았던 부모님

동쪽에서 뜨는 해
서쪽으로 지고

우주의 순리대로
우리네 생과 사도
이와 별반 다르지 않으니

조물주가 제일 잘한일
부와 귀천 차별하지 않고
때 되면 가는 곳

그곳 또한 누구나 가보야
아는 곳 사람들은
저세상이라 하네

고집과 욕망

편견으로부터 자유로워지는 것은
주위 사람에게 베풀고
조금은 바보처럼
살아가는 것이다

대부분 자기보다
약자에게 우월감을 가지고
살아간다는 것을 즐기기 때문이기도 하다

고집과 욕망은
남으로부터
미움과 혐오를 불러오며
편견의 대상에서 자유로워지기 어렵다

잡초

잡초는
태풍도 장마도 신경 쓰지 않아도
무럭무럭 잘도 자란다

사람도 잡초처럼
보살피지 않아도
잘 자라 준다면 얼마나 좋을까

나는
잡초처럼 자랐다
부모님이 계시기에
잡초 이하로 살아가기 싫었다

돈도 권력도
욕심을 멀리했다
아니
이들이 나를 멀리했다

이렇게 살다 보니 드디어
결실을 맺을 기회가 왔다

오랜 꿈을 이루었다
이제 마음 놓고 글을 쓰고 있다

온통 가을

들에도 산에도
파란 하늘까지
온통 색색 옷으로 갈아입고 뽐낸다

코스모스 들국화 강아지풀
모두 다 늙어가고 있네

젊음은 좋다
늙음도 나쁘지 않다
젊음은 한 가지 색을 낼 수 있지만
늙음은 총천연색을 낼 수 있어 좋다

그래서 더욱 정이 간다
세상 만물이 세월 따라
같이 익어간다

하얀 나비

벌레들의 삶
종족 보존을 위해
최선을 다한다

배추 애벌레
용케 사람의 눈을 피해
흙벽에 집을 짓고
날기 위해 몸단장한다

마지막 보던 해 나도
하얀 나비처럼 고향 떠나
완행열차에 몸을 맡겨다

푸른 하늘
하얀 날개 펄럭펄럭
아, 너의 첫 비행을
다시 보고싶구나

담배

유년 시절
앞집 모퉁이 쪽에
파란 연기가 피어오른다

나는 호기심에
살금살금 다가가 보니
후배 녀석이 아버지 흉내 내며
손가락사이에 담배 끼우고
폼까지 똑같이 따라 한다

나에게 담배 입문기다
슬퍼서 한 대
기뻐서 한 대

세상 다 잃은 듯 넋 놓고 앉아
술 한잔 걸치고 피우는 담배
맛이란 뭐하고 비교가 될까

그렇게
호기심은 세월과
함께했다

 제6부 **꽃바구니**

그녀
그리운 것
그리움
꽃바구니
보리똥 열매
꽃이란
누나 엄마
용산역
마쎔
만남
청천벽력
바람이었으면
첫사랑(1)
첫사랑(2)

그녀

처음 마주치면서 나도
모르게 얼굴이 화끈거려
똑바로
쳐다보지 못했다

그녀도 얼굴색이
진달래색이다

그게
사랑의 시작이었을까

그리운 것

누구일까
첫사랑일까
아니면 우연히 만나
기억에 남는 연인일까

우리는 매일
꿈을 먹고
꿈을 꾸며
허황된 삶과도 함께 살고 있다

그래야
또 다른 꿈을
꿀 수 있기 때문이다

그리움

무더운 여름은
나를 설렘 속에 가두고

가을은 둘이서
단풍 든 오솔길을 함께 걸으며
단풍잎처럼 물들고 싶다

찬 바람 이는 겨울은
두꺼운 외투라도 되어
너를 감싸 주고싶다

오늘처럼
휘영청 밝은 달
너의 마음
나의 가슴속에
뜨겁게 묻어 두고 싶다

꽃바구니

백합꽃 비유해
시를 쓴 적 있다

오늘따라
페트병 잘라
예쁘게 손질한 꽃
두 송이 백합꽃이
코끝을 간질이고

고개 돌려 바라보니
약혼식 날 마쌤
수줍은 모습 닮았네

보리똥 열매

우물가
보리똥 열매 익어갈 때
핑계 대고 아가씨 보러 갔다

우물가
서성이던 까까머리 소년의 머리에
흰 눈이 자리하고

아가씨
붉은 입술 닮은
보리똥 열매는
소년의 마음을 눈치챘을까

생각할수록 쑥스럽기
그지없네

꽃이란

누구나
바라봐준다면
꽃이다

다만 얼마나
예쁘게 사랑스럽게
바라봐주느냐에 따라
뿜는 향기가
다를 뿐이다

누나 엄마

앞집 마실 간 누나 어머니
나를 큰 소리로 부른다

너, 네 엄마가 찾는다고
"어머니 저 찾으셨어요?"

아니 누가 뭐라던
순간 이 느낌은 뭐지

입영 날짜 받아 놓고
둘이 있던 게
마음이 안 놓인 누나 어머니

당신은 알고 계셨군요

용산역

아쉬움과 기쁨
우여곡절이 남아있는 역

그녀와 나는 전라선 완행열차에서
군대 휴가 길에 만나고 사귀었다
부대 주소를 묻는 그녀

추석날 면회를… 깜짝 놀란 나는
고향은 어쩌고 묻는다
보고 싶어 왔다며 미소 짓는다

그 후로도 두어 번 더 왔는데
그때마다 서울 가는 차가 없을까
빨리 보내야지 하는 마음뿐

나는 소심하고 그녀는 대담
나는 끝내 기다려 달란 말
못하고 그렇게 멀어졌다

마쌤

젊을 때 하라니까
이제 와 눈꺼풀이 내려와
물로 자주 씻어야 개운 하단다

처음 맞선 볼 때
5월의 여왕처럼 분홍색 한복은
나를 넋 나가게 하고

굳이 흠잡을 곳은 눈이
쌍꺼풀이 아닌 것

고생 탓에
5월의 햇살보다 눈부신
모습은 안 보이고

날로 할머니 모습으로
변하는 모습 보니
고생시켜 마음 아프고

엊그제 상안검 수술하고
두 끼 밥을 떠주어 입에 넣어 주고 나니
내가 밥맛을 잃어
병간호 아무나 하는 게 아니구나
새삼 느끼네

인생은 흐르는
물 같다고 하지만
요즈음
세월도 시대 따라
더 빨리 가는 느낌
나만의 느낌인지

만남

청와대 1·21사태 덕분에
며칠 빠지는 36개월 마치고 제대

고향에서 같이 간 친구와
제대증 찾아오던 길

나는 친구에게
시집간 누나 집에 들러야겠다며
혼자 용기가 안 난다고 말하니
같이 가 주겠단다

길 가 이발소에 물어보니
저기 청기와집이란다

대문에서 "계세요?" 하니
부엌에서 아기 업은 여자가
나와 눈이 마주쳤다.

누나다 마당을 가로질러
와락 끌어안아 준다

시어머니 되시는 분께서
손님 오셨니 물으니
친척 동생이 제대해서
들린 거라며 둘러댄다

막걸리 한 병 사다가 대접해줘
친구와 둘이 먹고 누나 집을 멀리 한다

들녘에는 아직 어린 모가
비웃기라도 하듯 살랑댄다

나중에 알았지만
이발소 주인이 남편이라네요

바람이었으면

바람아 불어라
내 마음 데리고 가다오

훨훨 날고 싶다
아주 먼 곳으로 떠난 님
어디에 계실까

지금은
보고 싶은 님으로 남은
추억의 님들이여

내가 간다
바람 되어
얼굴도 스치고
온몸을 감싸 안고도 싶네

시간이 되면 너의 입술에
제일 느린 바람으로
오래 머물고 싶다

청천벽력

13개월 만에 첫 휴가
첫사랑 누나가 보고싶다

이럴 수가
시집을 간 거야
그것도
나의 어머니가
중매를 하셨다나?
청천벽력이 따로 없다.

어머니께서 말씀하신다
누나 이름을 대면서
너 휴가 오면 꼭 오라더라
보고 싶다면서

혼잣말로 중얼거린다
왜 그리 빨리 시집간 건데
보고 싶다면서

탁 트인 들녘에 나와
시집간 동네를 바라보며
담배 연기 깊게 빨아 본다

첫사랑(1)

조금 전
보고 왔는데
또 보고싶다

나중에 알았다
누나도 나와 똑같은
생각이었다는 걸

첫사랑(2)

눈 마주치고
스쳐만 지나가도
열일곱 소년 얼굴만 빨개진다

계집애 피해 다녀도 꼭 마주치고
어쩌면 눈 한번 깜박이지 않고
쳐다만 보는지

소년은 싫지 않은지
뒤돌아보며 입가에 미소 짓는다

훗날 둘은 사랑에
대해 이야기 나눴다

에필로그

지난 3월에는 오랜만에 고향 김제를 찾았습니다. 너무 늦게 찾은 고향, 보고 싶은 사람은 이미 떠나고 없었습니다. 지금도 생각하면 마음이 아픕니다.

유년 시절 나의 전부였던 들녘은 서해고속도로가 들녘을 가로질러 나의 가슴을 답답하게 했고, 전에는 해가 땅속으로 쉬러 가는 게 보였는데 훗날 나에게 시와 수필을 쓸 수 있게 감성을 불어넣어 줄 줄이야 그때는 몰랐습니다. 젖먹이 동생 업고 엄마 찾아 걷던 수로와 둑길, 검정 고무신이 미끄러워 조마조마 걷던 길, 그 길은 콘크리트가 두툼하게 덮여 있었습니다. 양지쪽에 물기 말리던 개구리도 보이지 않고, 풀 한 포기 보이지 않는 수로에 바닥 역시 콘크리트가 자리하고 있었습니다. 그 많던 물고기 하며 식물들이 영문도 모르고 묻혔을까 생각하니 말문이 막힙니다.

단지 인간들이 편하고 쉬운 생각만 하면서 들리지 않은 생사의 외침도 외면한 채 말입니다. 농부들의 쉼터였던 모정은 옛 영화를 잊은 채 세월의 먼지를 뒤집어쓰고 그 자리에 있었습니다.

나이 드신 어르신의 방귀 소리는 나의 기억 속에만 남아있고, 이제 다시 없는 추억이 된 모내기며 가을 추수철에 온 동네 사람이 일하며 먹고 희망을 품었던 들녘은 이제 사람이 보이지 않았습니다. 다만 들녘만 남아있을 뿐입니다. 환청이 들리는 듯 농부의 소 부리는 소리, 모내기 철의 줄잡이 소리, 홀태에 벼 훑는 소리, 점심에 젖먹이 동생들의 꿀떡꿀떡 젖 넘어가는 소리를 뒤로한 채 그런 생각만이라도 남아있다는 게 나에게 감사함을 느끼며 발길을 돌렸습니다.
올해는 왜 이렇지요? 추석이 지났는데도 무더위는 아직도 떠날 줄 모르고 있습니다.

2024년 추석 지난 어느 날
시인 보창 김 병 노

슬픈부지깽이

초판 인쇄	2024년 10월 01일
초판 발행	2024년 10월 08일
지은이	김 병 노
발행처	다담출판기획 TEL : 02)701-0680
	서울시 영등포구 영신로30길 14, 2층
편집인	박 종 규
등록일	2021년 9월 17일
등록번호	제2021-000156호
I S B N	979-11-93838-24-2 03800
가격	15,000원

본 책은 지은이의 지적재산이므로 무단전재와 복제를 금합니다.

*본 시집은 한국예술인복지재단의 창작지원금을 받아 출판
 하였습니다. 감사드립니다. 시인 김병노.